1

Fabrice Rebers

Elisabeth I. von England: Gedanken einer Königin

Historische Novelle

In Gedenken an Ihre Majestät, Königin Elisabeth I. von England

Vorwort

Was wissen wir schon über die Königinnen und Könige der vergangenen Zeit?

Napoleon soll gesagt haben:

"Die Geschichte ist nichts weiter als eine einzige große Lüge, über die sich alle einig sind."

Eine Tradition, die uns heute ermöglicht, zumindest in Teilen historische Fakten zu ergründen, ist bis heute das Schreiben von Tagebüchern. Auch haben wir es der Zeit an sich zu verdanken, dass wir heute Briefe, Manuskripte und Bücher lesen können, aus denen wir mehr über längst Vergangenes erfahren.

Vor fünfhundert Jahren gab es keine E-Mails, keine WhatsApp-Nachrichten, keine Telefone. Alles, was man der Welt mitteilen wollte, wurde mit der Hand geschrieben. Und noch heute – ein Glück für jeden Historiker und jede Historikerin – sind eine Reihe von Briefen und Tagebucheinträgen vorhanden, die uns Aufschluss über das Leben im Mittelalter geben können.

Doch eines wird uns immer verborgen bleiben: die tiefen Gedanken jener, von denen wir heute so viel zu glauben wissen. Gerade in den herrschaftlichen Familien königlichen Ursprungs war die Freiheit, wie wir vermuten mögen, alles andere als Freiheit. Es war eine Gefangenschaft für ein Leben in der reich anmutenden Palastwelt, großartiger Feierlichkeiten, des Prunks und Prestiges.

Während wir alle glauben wollen, dass der König,

so wird es definiert, ein absolutistischer Herrscher war, so hatte er nicht die absolutistische Freiheit, über sein Leben zu entscheiden. Das Einzige, was wirklich frei war, waren ihre Gedanken. Jenes Gut, das sie ausmachte, jenes Gut, das sie zu dem werden ließ, der sie waren, ohne es zeigen zu können. In einem Film über Elisabeth I. von England, gespielt von der Schauspielerin Helen Mirren, werden ihr folgende Worte in den Mund gelegt:

"Muss hassen, da ich doch voller Liebe bin den Anschein nach. Was ich gefühlt, gehofft, das muss ich ewig schweigen. [...] Ich bin und bin vielleicht auch nicht. Und frier' zu Eis, obschon ich brenne. Form aus mir selbst ein anderes Ich, von meinem ich mich trenne [...] Wohl an England, die Königin ist ganz dein."
(Elizabeth I, 2005, zweiteilige Serie)

Es ist wahrscheinlich, dass diese Worte nicht aus Elisabeths Feder stammen. Doch wären ihr diese Worte durchaus zuzutrauen gewesen, schaut man sich die Tilbury-Rede an, die Elisabeth 1588 an ihre Truppen gerichtet haben soll, um gegen die spanische Armada vorzugehen.

Dieses Buch soll den Versuch wagen, die

Gedanken Elisabeths aufzugreifen – es sind mögliche Gedanken, für die es keine Belege gibt. Wer sich mit ihr beschäftigt, wird schnell zu dem Schluss kommen, dass sie nicht nur Königin Englands war, die dem Land zu Wohlstand verhalf, sondern vor allem eine Frau mit der Überzeugung, dass jeder Mensch sein sollte, wie er eben war.

1

Mein Vater war ein Mörder.

Und nur Gott weiß, wie die Welt aussehen würde, wäre er es nicht.

Jedoch hat mein Vater nicht nur Leben genommen.

Er hat auch welches gegeben.

Mir. Und meinen Geschwistern.

Wer weiß schon, wie viele es sein mögen. Vielleicht nur jene, die ich kannte. Vielleicht aber viele, die es gar nicht gab.

Mein Vater war nicht *nur* ein Mörder.

Er hatte etwas Großartiges an sich. Auch wenn er mich mal liebte und wieder hasste, um mich dann erneut zu lieben.

Gleichwohl tat er eines ganz bestimmt: Er liebte meine Mutter.

Er liebte aber auch die Mutter meiner Schwester. Und ganz besonders die Mutter meines Bruders.

Wie viele Frauen mein Vater liebte, ist der Welt gar nicht bekannt. Sie glaubt es zu wissen, doch ich kann ihr versichern, dass sie im Dunkeln tappt.

Wie sollte sie es auch wissen? Sie war nicht dabei. Ja, vielleicht die Welt – aber es sind die Menschen, die sich für jene halten.

Oh, ich liebte meinen Vater. Ich liebe ihn immer noch.

Er schenkte mir das Leben. Nahm es mir mehr als einmal und nahm mir noch viel mehr als das. Ich liebte ihn für seinen Hass, ich hasste ihn für seine Liebe und am Ende war ich doch sein Kind.

Er war nichts weiter als ein Mann seiner Zeit. Ein Mann, der genau wie ich hineingeboren wurde in eine Welt, auf die wir keinen Einfluss nehmen konnten – bis wir es konnten.

Ja, wir nahmen beide Einfluss auf die Welt. Meine Schwester tat es ebenfalls und mein Bruder vor ihr. Selbst meine Cousine – jedenfalls nannten wir sie so – hatte ihren Anteil an dem, was mit der Welt passierte.

Doch vor allem war sie – die unscheinbare Cousine, die wohl kaum einer kennen mag – jene Frau, die mein Leben rettete. Ich bin mir sicher, dass sie es nicht wusste.

Doch ohne sie könnte ich diese Zeilen, diese Worte und diese Gedanken nicht auf ein Papier schreiben, das in der Geschichte seinen Platz finden soll.

Ich habe vielen Menschen diese Worte zu verdanken. Allein – nicht einmal, da ich nur eine

Frau war – hätte ich das Leben nicht geschafft. Das Leben hätte *mich* geschafft.

Doch ich bin hier. Ich bin überall, auch

wenn es niemand weiß. Wäre ich es nicht, wäre mein Vater *immer noch* ein Mörder. Aber er wäre nicht *dieser* Mörder. Und vermutlich würde ich ihn dann nicht so nennen. Doch ich bin ich. Und das bleibe ich. Dass ich so bin, verdanke ich meiner Mutter. Obwohl ich sie kaum kannte. Ich durfte sie nicht kennen. Mein Vater wollte es nicht.

Und noch bevor ich mich wirklich an sie erinnern konnte, nahm er sie mir.

Bis zu meinem eigenen Tod trug ich sie immer in meinem Herzen.

Mein Vater war ein Mörder.

Meine Mutter war nicht die, für die viele sie hielten. Jedenfalls möchte ich das gerne glauben – sie war meine Mutter!

Doch was mein Vater sagte, war Gesetz. *Er* war das Gesetz. Und wenn er sagte, meine Mutter war die, die sie nicht war, dann war sie es trotzdem.

Widerspruch duldete mein Vater nicht. Von niemandem.

Wer ihm widersprach, fürchtete um sein Leben.

Oh, ich hatte Angst vor ihm. Immer wieder. Als kleines Mädchen ragte dieser für mich riesige Koloss bis in den Himmel. Er war athletisch und allein aufgrund seines Namens für die ganze Welt von herausragender Schönheit. Bis er am Ende seines Lebens ein stinkender, alter, fetter Mann war, dem die Frauen nur noch folgten, weil er das Gesetz war.

Ich fürchtete mich vor seinen Worten. Vor seiner Stimme.

Er schrie, immer und immer fort. Ich versteckte mich, wo ich nur konnte – und das, obwohl er sich für mich nicht interessierte. Jedenfalls nicht, nachdem meine Mutter von ihm getötet wurde.

Für ihn war ich Ballast. Ich war ein Mädchen, eine Frau, ich hatte kein Recht zu leben, kein Recht, seinen Namen zu tragen.

Aber ich war da. Und ich blieb. Dort, wo er mich hinschickte. Ich wollte ihm gefallen, tat das, was er mir befahl und begann ein Leben in seiner vollumfänglichen Existenz, in der ich aufhörte zu existieren.

Wie oft weinte ich mich in den Schlaf? Wie oft musste ich getröstet werden von einer Frau, die nicht meine Mutter war, aber zu einer wurde? "Bess", sagte sie. "Weine nicht." Und sie streichelte meine roten Haare, die mein fahles, weißes Gesicht viel zu sehr betonten. "Gott ist bei dir. Er gibt dir Kraft und Halt." Wusste sie denn nicht, dass mein Vater Gott war? Er war Gottes Stellvertreter auf dieser Erde, auf dieser Insel. *Er war Gott!*

Ich sehe meine Mutter vor mir. Tränen rannen ihr über die weißen Wangen. Sie lächelte mich an, als könne sie mir vorspielen, dass es ihr gut geht. Doch sie wusste bereits, dass sie mich an diesem Tag ein letztes Mal in den Arm nehmen, mir einen letzten Kuss geben und mir dann nie wieder in die Augen blicken würde. Aber ich wusste es nicht. Ich wusste nicht, warum meine geliebte Mutter weinte. Warum lächelte sie mich an, wenn sie doch Kummer verspüren musste? Warum sagte sie mir, dass sie mich liebte – dass sie mich *für immer* lieben würde?

Dieser eine Tag – sei es der Vormittag, der Nachmittag oder der Abend gewesen – war jener, an dem ich meine Mutter das letzte Mal sehen sollte. Ein Gnadenakt meines Vaters. Ein letzter Hauch von Liebe, die vergangen war.

Meine letzte Erinnerung war ein lächelndes Weinen, in dem Verzweiflung mit dem unbedingten Willen kämpfte, ihre Tochter vor dem Kummer zu bewahren, der auf sie niederprasseln sollte.

Dann nahm Kat mich mit.

3

Ich war nichts mehr wert. Kaum hatte meine Mutter diese – für mich noch nicht erkennbare – grausame Welt verlassen, musste ich gehen. Mein Vater verstieß mich. Für ihn war ich nicht mehr seine Tochter.

Auch meine Schwester war es nicht mehr. Und dafür hasste sie mich. Sie gab mir die

Schuld an dem, was passiert war – dabei war ich doch nur ein kleines Mädchen. Ich war keine drei Jahre alt. Und doch hatte ich Schuld. Ich vergab ihr. Sie hatte nicht nur – wie ich – ihren Vater verloren. Sondern auch *ihre* Mutter. Und wie ich durfte sie sie nie wieder sehen.

Meine Mutter war schuld an all dem. Ja, das könnte man so sagen. Wäre sie nicht gewesen, würde alles anders aussehen. Nur dann wäre nicht ich die Schuldige, sondern eine andere.

Für mich gab es nur noch meine Schwester. Wen hatte ich denn sonst?

Ja, ich hatte Kat. Aber Kat war nicht Familie. Kat konnte nicht verstehen, was in meinem Kopf – in unseren Köpfen – vor sich ging. Auch, wenn sie es versuchte. Und immer da war. Dafür liebte ich sie.

Meine Schwester – Mary – und ich waren nichts weiter als unehrenhafte Bastarde, die das Glück hatten, in eine Familie hinein-geboren zu sein, die die Welt regieren wollte. Jedoch war das ganz unmöglich – nach den Ansichten unseres Vaters – ohne einen Sohn.

Und in dieser Linie störten wir.

Wie sehr sehnte ich mich danach, seine Liebe zu spüren und wie sehr hasste ich ihn dafür, dass ich in den ersten Jahren meines Lebens für ihn der Mittelpunkt der Erde war. Als wäre mein Vater zwei Menschen. Als wäre jener, der mich hasste, ein anderer als jener, der mich liebte. Ich sehe sein Lachen vor mir, sehe, wie er mich in die Luft wirft und mit seinen starken Armen auffängt. Ich fühle die Umarmungen, rieche sein Parfum und seinen Schweiß, während er mich an sich drückt und sagt, dass er mich liebt.

Und dann sehe ich seinen Zorn. Diese glühenden Augen voller Abneigung, weil ich nicht sein Sohn bin, sondern nur ein wertloses Wesen, das niemals in seine Fußstapfen treten könnte. Ich sehe die Verachtung, die er meiner Mutter entgegenbrachte, weil sie es nicht schaffte, ihm einen Sohn zu schenken. Und ich sehe diese Ignoranz, als er mich in die Verbannung schickte – in meinen goldenen Käfig, gefüllt mit Wut, Enttäuschung und Angst.

Vielleicht war in seinem Herzen aber irgendwann doch noch Platz für mich. Vielleicht. Nur vielleicht.

Ich sah ihn kaum. Eigentlich nie. Hin und wieder besuchte er uns. Und jedes Mal, wenn er kam, glaubten wir, unser Vater käme. Doch es kam nur ein Tyrann.

Tränen flossen, Flüche wirbelten durch unser Anwesen. Der Hass meiner Schwester auf mich wurde immer größer und dann, als wäre nichts gewesen, weinte sie und zog mich an sich.

In diesem Moment sah ich unseren Vater in ihr.

Sie war die Tochter *unseres* Vaters. Und ich schwor mir, anders zu sein.

4

Im Stillen folgte ich meiner Mutter. Sie war es doch, die mich liebte, wie ich war, *was* ich war. Ob Tochter oder Sohn. Sie liebte mich. Bedingungslos.

Nach außen huldigte ich meinem Vater. Ich hatte keine Wahl.

Es war meine Schwester, die sich ihm in den

Weg stellte, sich widersetze und ihm Widerworte gab – und damit im Laufe ihres Lebens nicht nur einmal dem Tode nur knapp von der Schippe gesprungen war.

Aber dennoch waren sie sich so gleich, dass sie unterschiedlicher nicht hätten sein können.

Ich beobachtete, wie meine Schwester sich verhielt. Sie war nicht nur die Tochter unseres Vaters, sie war auch die Tochter ihrer Mutter. Aber sie war noch mehr. Sie war eine direkte Nachfahrin der mächtigsten Herrscherin, die Spanien jemals gesehen hatte.

In ihr kochte das Blut zu einer endlosen Leidenschaft gegenüber der katholischen Kirche. Ich konnte dabei zusehen, wie sie unseren Vater maßlos verabscheute, weil er es wagte, mit der heiligen römischen Kirche zu brechen.

Immer noch ein kleines Mädchen – keine vier Jahre alt – wurde mir klar, dass die Religion meinen Tod bedeuten könnte. Meinen Tod bedeuten *würde*.

Mir war es doch ganz egal, welche Religion die eigene war.

Niemand sollte ihretwegen unterdrückt oder hingerichtet werden. Mein Vater – und auch meine Schwester – sahen das anders. Für sie zählte *nur* die Religion. Sie rechtfertigten alles damit. Und ich? Ich fügte mich dem, was mich am Leben hielt.

Wie grausam war diese Welt, diese Zeit, in der ein unschuldiges Mädchen sich entscheiden musste, woran sie glaubte, um überleben zu können? Selbst dann, wenn sie die Tochter eines Königs war.

Und dann – ganz plötzlich – verzogen sich die dunklen Wolken über das Land. Die Sonne ging auf, die Vögel kehrten in ihre Nester zurück, Blätter schienen auf einmal grüner, satter, kräftiger. Das Luftanhalten war vorbei. Wir konnten wieder atmen.

Mein Bruder. Endlich. *Endlich* kamst du und hast uns von dieser unheilvollen Tyrannei befreit. Hättest du doch nur erahnen können, wie glücklich ich und Mary waren, als die Botschaft die Runde machte, dass unser Vater einen Sohn bekommen hatte. Einen Sohn, der überlebte. Einen Sohn, der unseren Vater endlich glücklich machte. Jetzt konnten wir es auch sein.

Konnten wir das?

Veränderte sich etwas?

Nein. Wir waren immer noch Mädchen. Wir waren immer noch wertlos. Und in den Augen unseres Vaters würde sich das niemals ändern. Denn Mary war die Tochter einer Frau, die niemals die Frau ihres Vaters gewesen war und ich ... ich war die Tochter einer Verräterin. Einer Hure, die mit ihrem eigenen Bruder Ehebruch begangen haben soll.

Ich war das Hurenkind. Mary durfte zu unserem Vater zurückkehren. Und ich blieb in einsamer Verbannung zurück.

5

Ein merkwürdiges Gefühl durchdrang meinen Körper, als uns die Nachricht erreichte, dass unser Vater gestorben war.

Nichts würde jemals wieder so sein, wie es war.

Würde es schlimmer werden?

Würde es besser werden?

Würde mein Bruder es besser machen?

Mein Bruder war neun Jahre alt.

Jetzt war *er* das Gesetz. Jetzt war *er* Gott.

Die letzte Frau meines Vaters schaffte es wie durch ein Wunder, uns – mich und Mary – an den Hof zurückzuholen. Und unser Vater liebte uns wieder. Nicht wie früher. Aber immerhin wurden wir nicht mehr gehasst.

Als er starb, war ich glücklich. Und traurig. Ich lebte nun nicht mehr in Einsamkeit. Ich hatte meine Schwester zurück, die mich liebte, die mich hasste, die mich duldete. Sie *duldete* mich. Das war ihre Liebe. Mehr konnte ich nicht verlangen.

Wir lebten fortan bei unserer Stiefmutter. Sie war eine schöne Frau und ich war ihr dankbar, dass sie ihren Einfluss auf unseren Vater so ausspielte, dass er uns nicht mehr verabscheute.

Doch gleichzeitig wurden wir zu einem Mittel zum Zweck. Sie benutzte uns. Wir waren ihr Garant für eine Stellung am Hof. Aber sie schützte so auch unsere Leben.

Das alles sollte sich jedoch verändern. Der

Onkel meines Bruders schlich sich immer wieder in mein Schlafzimmer, legte sich zu mir, fasste mich an, hielt mich fest an sich gedrückt, küsste mich, obwohl ich nichts davon wollte. Es widerte mich an. *Er* widerte mich an.

Ich musste höflich bleiben. Ich durfte mich ihm nicht verwehren. Doch er war der Mann meiner Stiefmutter. Und doch kam er fast jede Nacht zu mir.

Als meine Stiefmutter es herausfand, musste ich gehen.

Wie ungerecht ist diese Welt? Er drückte seinen ekelhaften Körper an meinen, zwang mich, still zu sein, hielt mir den Mund zu ... aber *ich* musste gehen. Und war wieder allein. Ich kehrte zurück in mein altes Leben. In die Einsamkeit. In die Verbannung.

Als meine Stiefmutter starb, wollte er mich heiraten. Doch Gottes Gnaden verdanke ich, dass ich diesem Schicksal entkommen konnte.

Ich versuchte der Einsamkeit in meinem Leben keine Stellung zu gewähren. Die Tränen, die ich jede Nacht vergoss, unbemerkt von allen Menschen um mich herum, existierten nicht. Ich ignorierte sie. Ich musste stark bleiben. Für mich. Vor allem aber für meine Mutter. Das war ich ihr schuldig.

Nur einmal liefen Tränen der Freude über meine Wangen. An dem Tag, an dem der Onkel meines Bruders hingerichtet wurde. Nicht meinetwegen. Ich war nur eine Frau. Das, was er mir angetan hatte, spielte keine Rolle. Aber er war fort. Er konnte mich nicht mehr berühren. Er war tot.

Und ich schwor mir, dass kein Mann jemals wieder meinen Körper berühren würde, ohne den Zorn zu erfahren, den ich von meinem Vater geerbt hatte.

6

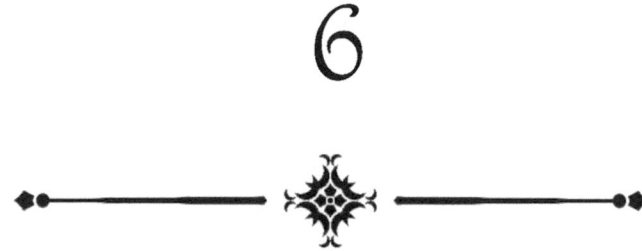

Meine Cousine war ein naives kleines
Mädchen, das sich Hals über Kopf in meinen
Bruder verliebte. Sie wusste es nicht besser.
Ihr wurde gesagt, dass es besser für sie sei,
würde sie es tun. Also tat sie es. So wie es alle
Frauen taten, wenn man es ihnen sagte.

Doch zu einer Heirat sollte es nicht

kommen. Mein Bruder wurde krank, noch bevor er die Volljährigkeit erreichte und alleiniger Herrscher über sein Königreich werden konnte. Der sich anbahnende Tod löste eine Depression im Land aus. Panik brach aus, denn das Werk unseres Vaters drohte niederzugehen. Meine Schwester war die Nächste in der Thronfolge und jedem war klar, dass sich dadurch *alles* verändern würde.

Auf dem Totenbett drängte man meinen Bruder, der Blut hustete und kaum noch der Mensch war, den wir kannten, liebten und als König anerkannten, das Testament unseres Vaters zu umgehen. Er sollte einen Erben bestimmen – und dieser Erbe sollte nicht meine Schwester sein.

Unsere kleine, süße Cousine sollte sein Erbe antreten. Ein junges Ding, noch nicht volljährig und in keiner Weise geeignet, ein Land zu regieren, sollte den Platz meiner Schwester einnehmen. Und das tat sie. Doch der Zorn meiner Schwester legte sich über sie wie eine Decke brennender Flammen, überrannte sie mit einer Wucht, die kein Kind –

das sie war – hätte überstehen können.

Nur neun Tage nach dem Tod unseres Bruders ließ meine Schwester unserer Cousine den Kopf abschlagen und nahm ihren Platz als rechtmäßige Königin Englands ein. Ich schauderte. Ich ahnte, was kommen würde. Der Himmel verfinsterte sich, die Vögel verstummten und die Blätter verloren ihr sattes, kräftiges Grün.

Überall loderten Flammen, verbrannte Men-schen flogen in alle Winde und verteilten ihren menschlichen Rauch über die Felder des Landes. Jeder, der sich meiner Schwester in den Weg stellte und nicht ihren Glauben – den Glauben ihrer Mutter, ihrer Großmutter, ihres verwurzelten Landes – annahm, ging in Flammen auf, wurde niedergemetzelt, gefoltert und hingerichtet. England wurde rot. Überall war Blut.

Meine Schwester hasste unseren Vater und tat nichts anderes als ich, um zu überleben: vor-zuspielen, ihm und seinem neuen Glauben zu folgen. Doch jetzt machte sie alles rückgängig. Und ich konnte nur tatenlos zusehen.

Mein Leben war nun mehr denn je in Gefahr.

Meiner so gnadenlos hingerichteten unschuldigen Cousine habe ich zu verdanken, dass ich überlebt habe. Denn durch den Verrat an unserem Vater, der uns vor seinem Tod zurückholte in die Legitimität, waren wir plötzlich doch Verbündete, in einem Kampf, den nur meine Schwester führte und dem ich entgehen wollte, so gut es ging.

Doch ich konnte meine Mutter nicht verraten. Und obwohl Mary es nicht anders tat, sperrte sie mich in den Tower, in dem ich auf meine Hinrichtung warten sollte.

7

Die Nachtluft war kälter in diesen Mauern.
Vielleicht waren es aber auch nur meine
Gedanken. Das Feuer im Kamin konnte die
dicken, kalten Steine nicht erwärmen.
Ich fror. Ich zitterte, obwohl ich in dicke
Gewänder gekleidet und mit Decken aus
Wolle umhüllt war. Doch ich fror. Immer zu.

Meine Gedanken kreisten durch die Mauern des Towers. Meine Zeit vertrieb ich mir mit Starren. Aus dem einzigen Fenster, das mir einen Blick in die Außenwelt ermöglichte. Vögel flogen vorbei. Wie glücklich sie sein mussten. Sie waren frei. Sie kannten diese Welt anders. Niemals würden sie sie kennen wie ich. Wenngleich ein Teil meines Ichs aufgeben und sterben wollte, so war der Teil in mir, der immer noch daran glaubte, dass Gott einen Plan hatte, mächtiger. Warum sonst passierte all das? Wie konnte Gott zulassen, dass meine Mutter von meinem Vater getötet wurde? Wieso ließ er all meine Geschwister vor mir sterben? Wieso musste mein einziger Bruder die Welt so früh verlassen, wenn es nicht einem höheren Ziel diente?

In diesen kalten Mauern, dem Tode geweiht, denn ich wusste, dass meine Schwester mich ohne Kopf sehen wollte, keimte ein Glaube auf, der eigentlich gar nicht hätte blühen können – hier, in dieser Dunkelheit. Gott sandte mir ein Zeichen. All das war vorherbestimmt.

Mein Verlies wurde zu meiner Festung.

Und mein neu entstandener Glaube heilte meine inneren Wunden.

Und als meine Schwester in törichter Verzweiflung erneut versuchte, mich davon zu überzeugen, *ihrem, den einzig wahrem Glauben* zu folgen, lehnte ich ab. Erneut. Wie immer. Und wie immer prasselte eine Kaskade der Wut, des Zorns, der Verachtung und der Drohungen auf mich nieder. Mein Leben stand erneut an einer Klippe, die zu bersten drohte. Vor mir breitete sie ein Papier aus. Mein Todesurteil.

Doch sie unterschrieb es nicht. Ich war immer noch ihre Schwester.

Als sie ging, war ich einmal mehr davon überzeugt, dass meine arme Cousine der Grund dafür war. Denn Mary hatte einmal erlebt, verstoßen zu werden. Genommen zu bekommen, was einem gehörte. Und ich gehörte *ihr*. Aber *mir* gehörte noch viel mehr als ihr. Mir gehörte das Recht. Würde sie mich töten, tötete sie unsere Linie. Sie tötete unseren Vater, den Tyrannen, der unsere

Mütter verstieß und tötete – wenn auch nur meine – und uns ins Exil schickte, in der ach so verzweifelten Hoffnung, endlich einen Sohn zu bekommen.

Sie tat es nicht. Sie tötete mich nicht. Sie hasste mich, wie sie mich liebte und konnte mich nur hassen, *weil* sie es tat. Ohne auch nur jemals wieder ein Wort mit mir zu wechseln, stellte sie mich unter Hausarrest. Die kalten Mauern, meine kreisenden Gedanken, die Kälte und das Zittern konnte ich hinter mir lassen.

Ich habe sie nie wiedergesehen.

8

Es war ein einziger Baum, der mir die größte Stütze in diesen Zeiten war. In den prachtvollen Gemächern meines freien Gefängnisses hielt ich es nicht aus. Ich musste raus. An die Luft, meinen Gedanken freien Himmel schenken, sie entlassen in die Weiten dieses so wundervollen Landes, dem ich schon als Kind mein Herz geschenkt hatte.

Hier war ich frei. Obwohl ich eine Gefangene war. Kaum jemand durfte mich besuchen. Ich war gefangen in einer reichen Freiheit, die mich einengte. Dieser eine Baum war mein Zufluchtsort.

Und auch an jenem Tag saß ich an ihm, blickte in den strahlend blauen Himmel, an dem kleine Wolken vorüberzogen und Vögel ihre Leichtigkeit genossen. In der Ferne sah ich drei Reiter. Zuerst waren es nur Punkte an einem Horizont, der keiner war. Dann wurden sie größer. Und mit jeder Sekunde, die ins Land zog, kamen sie näher.

Mein Herz begann sich zu überschlagen. Hatte meine Schwester es sich anders überlegt, nach all der Zeit, die vergangen war? Sollte mein Kopf nun doch rollen? Würde ich *heute* sterben? Wilde Gedanken schossen mir durch den Kopf, während diese drei Reiter unaufhaltsam näherkamen und mich dazu brachten aufzustehen, meinen Rock zu glätten und zu warten.

Dann waren sie da. Vor mir, in männlicher

Pracht, stiegen die Reiter beinahe synchron von ihren Pferden. Mit langsamen – ja, beinahe verhaltenen – Schritten kamen sie auf mich zu. Ich sagte nichts. Ich wartete nur ab.

Und dann fielen sie auf die Knie.

In diesem Moment wusste ich, was geschehen war. Meine Augen richteten sich unwillkürlich zum Himmel, als würde eine ferne Macht mich dazu bringen, ein Gebet des Danks zu sprechen. Gott war bei mir. Gott hat mich gerettet. Ich würde nicht sterben. Ich würde leben. Solange Gott und *wie ich* es wollte.

Was diese Männer zu mir sagten, drang nicht zu mir durch. Es war, als würde alles um mich herum verschwimmen, als würde ich mich stehend drehen, mit ausgestreckten Armen, beinahe gottgleich. Ich spürte den Wind in meinen Haaren und an meinem Kleid. Engelstrompeten erklangen und hätte es in meinem Leben auch nur einen einzigen Tag gegeben, an dem ich nicht an Gott geglaubt hatte, dann war nun – endlich – aller Zweifel erloschen.

Gott gab mir nicht nur das Recht. Er rächte sich auch für all das, was geschah. Er, der Glaube meiner Mutter – und sei es auch der meines mörderischen Vaters – war der einzig wahre Glaube.

Gott erkannte mich als seine Stellvertreterin auf Erden an, um ihn zu verbreiten. Doch er gab mir noch mehr. Er gab mir Toleranz. Niemals sollte – nein, niemals würde – es dem englischen Volk wieder so schlecht ergehen wie bisher. Niemand sollte mehr Angst haben, niemand sollte ein Gebet fürchten. Jeder sollte gleich sein.

Eine neue Ära würde beginnen. Und ich würde diese Ära sein.

Ich war nichts weiter als eine Frau. Auch wenn ich die Mächtigste war, war ich nur eine Frau.

Die alten bärtigen, weißen Männer, die sich um mich scharrten, als wäre ich eine riesige Blume, aus der man ihren Nektar saugen mochte, hatten nur ein Ziel: Sie wollten mich so schnell wie möglich verheiraten. Doch ich … ich lehnte ab.

Niemals sollte ein Mann mir das nehmen, was meins war – was Gott mir schenkte. Kein Mann. Nicht einmal der mächtigste König dieser Welt würde mich dazu bringen, ihm meine Hand zu reichen und mich in den Dienst eines Wesens zu stellen, das mir in meinem Leben so viel Leid zufügte.

Ich war nicht mehr allein. Hatte ich es mir so sehnlichst gewünscht, nicht mehr allein zu sein, Menschen um mich herum zu haben, so schämte ich mich dafür, es jetzt zu verabscheuen. Während ich durch die langen Korridore meines Palastes ging, die Schritte an den Wänden widerhallen hörte, sehnte ich mich nach einem Moment der Ruhe.

Ich begann es zu hassen, dass immer, egal wann, egal wo, eine Traube fürsorglicher Frauen hinter mir war, die mir jeden Wunsch, jedes Bedürfnis, von den Augen ablesen wollte. Ich hatte keine ruhige Minute und war so gut wie nie allein. Selbst wenn ich befahl, mich allein zu lassen, blieben diese Frauen in Sichtweite.

In meinen weichen, fülligen Betten kreisten meine Gedanken immer und immer wieder. Nacht für Nacht. Der Gedanke, die Letzte zu sein, ließ mich nicht los. Innerlich entstand ein Druck, der mich brechen ließ. Doch ich verschloss die Risse und ließ sie mir nicht anmerken.

Oder doch?

Immer häufiger brachen Wut und Zorn in einer tosenden Lautstärke aus mir heraus und jedes Mal erschrak ich für einen kurzen Augenblick, in dem mir auffiel, dass ich die Tochter meines Vaters wurde. Obwohl ich genau das nie sein wollte.

Die Monate vergingen und wurden zu Jahren.

Immer wieder – völlig entgegen meinen innerlichen Überzeugungen – ließ ich Menschen hinrichten und verbrennen.

Jede einzelne Unterschrift, die sein musste – welche Wahl hatte ich als Königin? – nahm einen Teil meiner Seele mit sich. Jeder Mensch, der durch meine Hand starb – denn es war nun mal die meine, die das Leben eines anderen auslöschte – lebte in meinem

Herzen fort, das schwer wurde, bis es niemanden mehr ertragen konnte.

Doch ich lebte damit. Ich musste es. Die Seelen all jener, denen ich das Leben nahm, holten mich Nacht für Nacht ein, beutelten mich, fraßen an meiner Seele, die ohnehin zerrissen war, doch schafften sie es nicht, mich vollkommen zu brechen. Auch wenn sie jedes Recht dazu hatten.

Ich *war* die Tochter meines Vaters.

Mein Vater war ein Mörder. Und ich wurde wie er.

Gott wird mich dafür bezahlen lassen.

10

Der Grausamkeit des gnadenlosen Schick-
sals war es zu verdanken, dass mein Herz
sich dazu entschied, sich zu verlieben.

Wie schrecklich sich dieses Gefühl in
meiner Brust anfühlte! Ich schenkte einem
Mann das Wertvollste, das ich besaß: mein
Herz, gleichwohl es mit so vielen Narben

behaftet war.

Doch diese Liebe konnte nicht sein.

Sie *durfte* es nicht.

Und auch wenn ich mich ihm hingab, seine wurde, ihn liebte, ehrte und mir nichts sehnlicher wünschte, als seine Hand in meine zu legen, konnte ich es nicht. Ich liebte diesen großen, älteren Mann mit der tiefsten Liebe, die möglich gewesen wäre.

Doch ich nahm seine Hand nicht. Ich stieß sie weg. Immer und immer wieder.

Bis zur Besinnungslosigkeit suchte ich Gründe, ihn aus meinem Leben zu verbannen. Und ich tat es – meinem Herzen zuliebe, meiner geschundenen Seele geschuldet, schickte ich ihn in die Verbannung.

Niemals sollte er zurückkehren.

Niemals wieder in die Nähe meines Herzens kommen und es auffordern, seine größte Sünde zu gestehen.

Doch ich holte ihn zurück zu mir. Immer wieder schickte ich ihn weg, holte ihn zurück und verbannte ihn wieder. Und während ich glaubte, die einzige Liebe zu sein, die er empfinden konnte, verließ er mich. Und heiratete heimlich eine andere Frau. Oh, wie ich sie verabscheute! Die vollkommenste Wut einer Königin kam über sie. Wie ein Gewitter, das gleißende Blitze auf die Erde schoss und mit seinem Donner zum Beben brachte, schickte ich sie in die niemals enden wollende Ungnade.

Noch nie empfand ich einen solchen Hass, noch nie brach eine solche Wut aus mir hinaus – und noch nie blickte ich in verängstigtere Augen.

Sie nahm mir meinen Freund. Meinen einzigen Freund in einer so schrecklichen Welt. Niemals konnte ich ihr diesen Verrat verzeihen. Es war der Liebe zu verdanken, dass ich nicht selbst zum Beil griff und ihr den Kopf abschlug.

Wie konnte er mir so etwas antun? Wie konnte Robert mir in die Augen blicken und sagen, dass er mich liebte, wenn er doch eine andere Frau heiratete? Er war nichts weiter als ein elender Bastard, den ich bis ans Ende meiner Tage mehr lieben sollte als mein gesamtes Königreich.

War das mein Leben? War das *ich*? Konnte

ich wirklich eine großartige, mächtige Herrscherin sein, aber nicht lieben, wen ich wollte?

War das mein Schicksal?

Wie oft fiel ich auf die Knie und bat Gott um ein Zeichen, bat ihn darum, mir Kraft und Halt zu geben, mich das alles durchstehen zu lassen, dieses Reich nicht in sein Verderben zu führen?

Und das alles nur wegen eines Mannes, der nicht meiner sein durfte.

Es widerte mich an. Ich widerte *mich selbst* an.

Ich war frei und doch gefangen. Gefangener als jemals zuvor. Und das nur, weil ich eine Tochter war.

Wäre ich doch nur ein Sohn gewesen ...

11

"*Mein geliebtes Volk,*

manch einer, dem unsere Sicherheit am Herzen liegt, versucht uns einzureden, wir sollen Vorsicht walten lassen, wenn wir uns bewaffneten Massen gegenüberstehen, aus Angst vor Verrat.

Ich versichere euch aber, dass ich mein Leben

nicht in Misstrauen gegen mein treu ergebenes Volk hinbringen will. Mögen Tyrannen sich fürchten. Ich habe mich immer so verhalten, dass ich nach Gott meine Hauptkräfte und meinen Schutz in die treuen Herzen und den guten Willen meiner Untertanen gelegt habe.

Daher bin ich jetzt, wie ihr seht, nicht zu meinem Vergnügen, zu meiner Zerstreuung zu euch gekommen, sondern mit dem Entschluss, inmitten des Schlachtgetümmels unter euch zu leben oder zu sterben.

Meine Ehre und mein Blut für meinen Gott, mein Königreich und mein Volk zu geben, und sei es im Staub.

Ich weiß, dass ich zwar den Leib eines schwachen kraftlosen Weibes besitze, dafür aber Herz und Mark eines Königs, noch dazu eines Königs von England.

Ich kann nur darüber lachen, dass Parma oder Spanien oder irgendein Herrscher Europas es wagen sollte, die Grenzen meines Reiches zu überschreiten. Eher dass durch mich Unehre über mein Land komme, will ich deshalb selbst zu den Waffen greifen, will selbst euer General, Richter und Belohner jeder einzelner eurer tapferen Handlungen auf dem Schlachtfeld sein.

Ich weiß, dass allein eure Kühnheit schon Ruhm und Ehre verdient, und wir versichern euch mit herrscherlichem Wort, dass diese euch zuteilwerden sollen. Inzwischen wird mein Generalleutnant meine Stelle einnehmen. Einen edleren und würdigeren Untertanen hat nie ein Fürst vor mir befehligt.

Ich zweifle nicht, dass wir dank eures Gehorsams meinem General gegenüber eurer Eintracht im Lager und eurer Tapferkeit im Feld schon bald einen ruhmreichen Sieg über die Feinde meines Gottes, meines Königreiches und meines Volkes erringen werden." (sic!)

Oh, Spanien, du schicksalsreiche Macht! Wie konntest du glauben, mich, eine Königin des Meeres, eine Königin der Winde, besiegen zu können? Konntest du wirklich so dumm sein und hoffen, deine Schiffe würden meinem Befehl trotzen unterzugehen?

Ich! *Ich* bin die Königin!

Stürme, Winde, Wasser, Flut und Wellen – die Gezeiten hören auf die englische Königin. Sie fürchten sich vor mir, sind hörig und ehren meinen Befehl.

Konnte Seine Majestät, der spanische

König, der Ehemann meiner Schwester, seinen göttlichen Glauben geben und hoffen, mich zu besiegen? Du armer, kranker Mann!

Ich bin die Stellvertreterin Gottes auf Erden, Staaten sind nach mir benannt, Kriege habe ich gewonnen und auch dieses Mal habe ich meinem Volk bewiesen, wie großartig mein England – ihr England – ist.

Doch all die Siege heilten nicht mein Herz, das unaufhaltsam weiterblutete und mich Gott fürchten ließ.

Still und heimlich weinte ich mich immer wieder in den Schlaf, da ich tat, was keine Königin jemals hätte tun dürfen …

12

Wie oft musste ich die Scham erdulden, mich zu entblößen, um dem Land Gewissheit zu geben, dass ihre Königin fähig war, einen Sohn zu gebären?

Ich unterdrückte den brechenden Damm meiner Tränen, während ich immer und immer und *immer* wieder auf den weichen

Kissen meines Bettes lag, umringt von Schaulustigen, die beinahe zitternd auf die Worte des Arztes warteten:

"Ihre Majestät ist bei bester Gesundheit. Nichts spricht dagegen, England einen Erben zu schenken."

Doch nur Gott allein wusste, dass sehr vieles dagegensprach, meinem Land einen neuen König zu schenken. Wie hätte Gott zulassen können, eine Dynastie fortbestehen zu lassen, in der die Königin eine gesalbte Königin, eine Königin von Gottes Gnaden, hinrichten, ihr den Kopf abschlagen ließ? Keine Hoffnung lag mehr auf meiner Seele, meinem Großvater Ehre machen zu können.

Tiefste Depressionen befielen mich. Und ich nahm sie an. Als Gottes Strafe für das Urteil über meine Cousine Maria.

Doch ich musste handeln! Ich musste dem Verrat entgegentreten, den meine Cousine verübte. Mich, Elisabeth, von meinem Thron reißen und sich selbst die englische Krone auf ihr Haupt setzen zu wollen.

Doch ich wusste, auch dieses Urteil konnte das Schicksal nicht verhindern, das nicht verhindert werden wollte.

Als die Glocken schlugen, erschrak ich. Mein Herz hörte auf zu schlagen und jegliche Luft aus meinen Lungen verflüchtigte sich in einem markerschütternden Schrei.

Oh, diese grausamen Barbaren, wie konnten sie es wagen, einer gesalbten Königin den Kopf abzuschlagen. Hinrichten lassen werde ich sie. Alle!

Sie sollten sterben für den Verrat an der schottischen Königin, an meiner Cousine.

Eins. Zwei. Drei Hiebe mit der Axt brauchte der Henker. Drei! Die Hiebe schmetterten an meinem Kopf.

Ich verfiel in Rage, in erbärmliche Verzweiflung darüber, was ich tat. Ich hatte das Recht verwirkt zu leben, das Recht verwirkt, Königin zu sein. Das Recht, im Namen Gottes zu handeln, die Verteidigerin des Glaubens zu sein ...

Ich besiegelte mein Schicksal selbst.

Meinen Untergang.

Den Untergang Englands.

13

Wie sehr sehnte ich mich in die Zeit zurück,
in der ich als Gefangene der Königin meine
Gedanken in den Himmel schicken konnte.
Starren. Nichts als Starren. Kein Sieg, nicht
einmal der Sieg über Spanien, konnte meine
Seele reinigen. Mein Herz blutete, es schlug
nicht mehr.

Es stand still.

Still in meiner Brust, die alt wurde.

Zu alt.

Ging es meinem Vater so? Tat er alles aus Liebe zu seinem Land, aus Liebe zu seinem Volk und ... aus Liebe zu Gott? War er vielleicht kein Mörder, sondern nichts weiter als eine Marionette – war *ich* eine Marionette in einem grausamen Spiel Gottes, der alles befahl, was passierte, um einem höheren Zweck zu dienen?

Könntest du doch nur hier sein, mein geliebter Vater, und mir einen Rat geben.

Vielleicht aber bräuchte ich deinen Rat gar nicht, wäre meine Mutter noch am Leben, hättest du sie nicht umgebracht!

Mit meinem rechten Zeigefinger strich ich über die kleine Kuppel meines Ringes, in dem ich das einzige Bild meiner Mutter aufbewahrte und in Ehren hielt.

Jahre war ich nicht mehr glücklich.

Die Welt vor mir veränderte sich.

Ich veränderte mich nicht. Ich war die, die ich war, als meine Cousine starb. Und ich würde es immer sein. In die Geschichte würde ich eingehen als die Königin, die eine Königin hinrichten ließ, um zu verhindern, dass die eigene Krone an ein anderes Land fiel.

Aber doch nicht Schottland! Nicht Schottland.

Robert! Robert soll König werden, wenn ich sterbe, wenn Gott mich zu sich holt und mir meine gerechte Strafe auferlegt.

Dieser Gedanke brachte mich für einen winzigen Moment zurück in jenes Leben, das ich führte.

Schon lange hatte ich nicht mehr ein solches Gefühl der Glückseligkeit in mir.

Ja, Robert würde mein Erbe sein, niemand anderes würde die englische Krone tragen. Er würde England in eine neue Zeit, in eine neue Ära, in ein neues Jahrhundert führen.

Doch der Staatsrat akzeptierte meine Entscheidung nicht.

Diese törichten, naiven Männer, die einem Arzt ihren Glauben schenkten und der ihnen immer wieder sagte, je älter ich werde, desto mehr wäre ich in bester Gesundheit, ein Kind zu bekommen. Töricht! Nichts anderes waren sie.

Wieder begann ich zu starren.

Stunden verbrachte ich vor dem Fenster meines Schlafgemachs, ignorierte die bittenden Worte der Staatsräte, aß nicht, trank nicht und begann mich aufzugeben.

Nichts würde England retten können.

Seine Königin hatte versagt.

Und das Leben, mein Leben, das Leben all jener, die mich zu dem machten, die ich war, die ich bin und die ich immer sein werde, verflüchtigte sich in einer Sekunde der Stille.

14

Ich habe diese Welt verlassen.

So glorreich, so siegreich, so prächtig und aufopfernd mein Leben war, so sehr habe ich als Monarchin versagt.

Die wichtigste Aufgabe, eben jene, die mein Vater mit aller Härte, die er aufbringen konnte, erreichen wollte, erfüllte ich nicht:

Ich schenkte England keinen neuen König.

Oh, wäre doch dieser Staatsrat nicht gewesen, der mir meine Gefühle nahm. Der sie mir absprach und mich zwang, sie auf ewig zu verschweigen. Glücklich hätte ich sein können. Dem Land zu noch mehr Blüte, zu noch mehr Wohlstand verhelfen können, als ich es eh schon tat.

Hätte ich doch nur meiner Liebe folgen können – wie mächtig wäre England heute, wie großartig hätte mein Land werden können.

Nun bin ich nicht mehr. Und alles ist dahin.

Die größte Furcht ist eingetreten.

England geht an Schottland.

Welch' Graus!

Wie müssen sich mein Vater, mein Großvater im Grabe umdrehen, wie enttäuscht müssen sie sein von ihr, der einzigen Erbin, die das Land erhalten konnte?

Wie Recht musste mein Vater haben, als er mich verbannte und wie sehr muss er meine Stiefmutter nun verachten, die ihn überredete, mich auf den Thron zu lassen, sollte es dazu kommen? So wie ich lebte, sterbe ich. So wie ich liebte, hasste ich. Mit vollster Leidenschaft, mit tiefster Inbrunst. Alles für mein Land. Für England. Oh, mein schönes England, ich gehörte dir. Wie wird mich die Welt in Erinnerung behalten, wie wird sie an mich denken und was wird sie über mich sagen? Wird sie mir treu ergeben bleiben oder mich verstoßen, als *jungfräuliche Königin*, die nicht fähig war, ihre Aufgabe, ihre Pflicht als Königin, als Frau, zu erfüllen? Meine Gedanken werden verstummen, denn ich bin nicht mehr. Vielleicht war ich auch nie und konnte niemals sein. War all der Glaube an Gott, der Glaube daran, seinem Werk als Schicksal zu folgen, nur ein Gespinst meines so hellen Verstandes?

Oder gibt es keinen Gott, der mich führen konnte – war ich keine Königin von Gottes Gnaden und keine Verteidigerin des Glaubens, jenes großen Titels, den mein Vater für sich beanspruchte und an mich übertrug?

In den letzten Minuten, den letzten Sekunden meines Lebens erhielt ich keine Antworten mehr auf all die Fragen, die mich plagten.

Ich werde niemals Antworten bekommen, werde nie erfahren, was wirklich war, was wirklich ist und was sein wird.

Nur eines wünsche ich mir von der Welt, wenn sie hinabblickt auf mein Grab: dass sie erkennt, dass ich nur eines wollte.

Frieden.

Nachwort

Alles auf dieser Welt ist geprägt durch Menschen, die vor uns hier waren.

Und sie alle haben auf ihre Weise – vor allem aber in ihrer Zeit – versucht, das Beste aus dem zu machen, was sie hatten.

Sei es der einfache Bauer, der die Felder für den Fürsten bestellen und den Zehnten abgeben musste oder der Fürst selbst, der weniger Freiheiten genoss, als wir uns eigentlich vorstellen können.

So wenig, wie wir uns heute vorstellen können, warum Menschen taten, was sie taten, würden sich jene vorstellen können, warum wir tun, was wir tun.

Wir alle sind Kinder unserer Zeit und unsere Kinder werden Kinder ihrer Zeit sein. Doch eines haben wir alle gemeinsam: Unsere Gedanken sind frei. Das waren sie immer. Wir alle verwenden Zeit darauf zu sein, wer wir eigentlich gar nicht sind und müssen uns in ein Spiel eingliedern, das wir gar nicht spielen wollen – doch die Gesellschaft verlangt es. Das hat sie immer.

Elisabeth war nicht nur die Tochter Heinrichs VIII. von England. Sie war vor allem eine Tochter ihrer Zeit.

Für jene Zeit aber war sie ausgesprochen liberal, wenngleich einige, vielleicht auch viele, das nicht so sehen möchten.

Sie war ihrer Zeit voraus, doch hatte, wie

auch viele Menschen heute, keinen Einfluss darauf, was sie offiziell denken konnte, durfte und sollte.

Nicht umsonst verfiel sie bei jeder Hinrichtung, die sie unterzeichnete, in Depressionen, die ihren Höhepunkt fanden, als sie ihre Cousine, Mary Stuart, Königin der Schotten, im Jahre 1587 hinrichten ließ, weil ihr Staatsrat der Überzeugung war, ein Komplott gegen Elisabeth aufgedeckt zu haben.

Der Glaube an das, was ihrer Auffassung nach richtig war, war ein anderer Glaube als jener, den sie leben musste, um zumindest einen Teil von dem, wie sie war, durchsetzen zu können.

Vielleicht war es ihrem Vater zu verdanken, dass sie eine solch großartige Königin wurde.

Hätte er sie nicht für illegitim erklärt, sie in die Verbannung geschickt und sie ignoriert, wäre sie vielleicht eine ganz andere Person geworden.

Durch ihr Exil hatte sie die Möglichkeit, ihre Gedanken zu entfalten, ihre Persönlichkeit zu konstruieren und einen Palast für sich – ihr Wesen – zu errichten.

Wäre sie jedoch nicht ausgeschlossen worden aus der Thronfolge, hätte man ihr die Erziehung anheimfallen lassen, wie zum Beispiel ihrer Schwester, vor allem aber die ihres Bruders.

Sie wäre nicht mehr die, die sie war. Sie wäre die, die sie sein sollte, sein musste. Und England wäre nicht das England, das wir heute kennen.

Man mag von der Monarchie halten, was man will. Am Ende war und ist der Monarch oder die Monarchin immer – und vor allem – ein Vorbild für das Volk.

Denn das ist ihre Aufgabe. Und Elisabeth erfüllte sie. Nach ihr brachen nie wieder derartige Religionskriege in England aus, wie wir sie vor ihrer Zeit kannten. Sie erfüllte ihr Volk mit Toleranz – jeder sollte sein, wie er war.

Der Autor

Fabrice Rebers, geboren 1988, ist examinierter Altenpfleger und studiert in Hamburg Pflegemanagement und Biopsychologie.

Mit seiner Frau und seinen drei Kindern lebt in der Nähe von Bremen, wo er sich neben seinem Beruf vor allem dem Schreiben widmet.

Neben dem Genre des Thrillers schreibt Fabrice Rebers hauptsächlich im Genre des historischen Romans.

Weitere Bücher des Autors

Im Genre *Thriller*:

Perfektion (2023, Tredition-Verlag)

Überleben (2024, StoryOne-Verlag (Hardcover), Tredition-Verlag (Sorftcover)

Im Genre *historische Romane*:

Elisabeths Erbe – Die Grafenwürde von Kendal (2023, StoryOne-Verlag (Hardcover), Tredition (eBook))

Der Earl of Kendal – Das Vermächtnis der Wallingtons (2023, Tredition-Verlag)

Eine kurze Geschichte der Tudors – Eine historische Familienkurzbiografie (2023, Trediton-Verlag)

Der Brief der Herzogin (2024, Tredition-Verlag)

Im Genre *Gesellschaft*:

Memoriam (2024, StoryOne-Verlag (Hardcover), Tredition-Verlag (Softcover und eBook)

Zeitfracht Medien GmbH
Ferdinand-Jühlke-Straße 7
99095 Erfurt, Deutschland
produktsicherheit@kolibri360.de